Bildaufgaben für erwachsene Leseanfänger

Kopiervorlagen im lautgetreuen Bereich

Gisela Darrah

Inhaltsverzeichnis

1. Begrüßen

Lesen Sie und spielen Sie die Gespräche:

Hallo, Mara. - Hallo, Dana.

Guten Tag, Frau Alt. - Guten Tag, Herr Hofmann.

Guten Abend, Frau Walter. - Guten Abend.

Guten Morgen, Herr Keller. - Guten Morgen, Herr Maler.

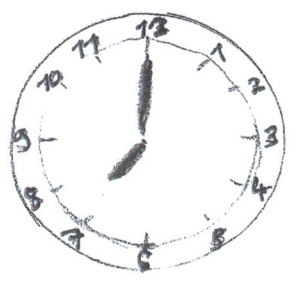   

Hallo, Susanne. - Hallo, Simone.

Schreiben Sie die Gespräche:

1. Frau Rana - Frau Bald   10 Uhr

....

2. Am Telefon - Sina - Tim

....

3. Herr Wolf - Herr Alt   19 Uhr

....

4. Frau Gabel - Herr Kunz   8 Uhr

....

5. Sara - Gabi

....

6. Am Telefon - Herr Kara - Frau Moll

....

7. Nina - Tina   7 Uhr

....

8. Frau Rot - Herr Karl   21 Uhr

....

2. Wohnen

das Haus	die Wohnung	die Tür	das Fenster
das Zimmer	die Wand	der Boden	der Keller
der Garten	die Terrasse	der Balkon	das Bad

das Wohnzimmer	das Kinderzimmer	das Sofa	der Sessel
das Bett	die Lampe	das Bild	das Foto
das Telefon	das Kissen	das Kabel	der Herd

Lesen und zeigen Sie:

....

Kis - sen - Bett - Ter - ras - se - Bal - kon - Haus - Zim - mer - Tür

Woh - nung - Fens - ter - Wand - Bo - den - Kel - ler - Gar - ten -

Bad - Wohn - zim - mer - Kin - der - zim - mer - So - fa - Ses - sel

Lam - pe - Fo - to - Bild - Te - le - fon - Kis - sen - Ka - bel - Herd

....

Welches Wort passt? Kreuzen Sie an:

O Kabel

O Kissen

O Foto

O Sofa

O Tür

O Fenster

O Wand

O Boden

O Balkon

O Bad

O Keller

O Garten

O Haus

O Zimmer

O Terrasse

O Lampe

Welches Wort passt? Kreuzen Sie an:

O Telefon

O Foto

O Wohnzimmer

O Wohnung

O Zimmer

O Keller

O Bett

O Boden

O Wand

O Herd

O Sofa

O Sessel

O Kinderzimmer

O Wohnzimmer

O Tür

O Lampe

3. Der Mensch

die Nase	der Mund	das Auge die Augen	die Hand die Hände
das Haar die Haare	der Arm die Arme	der Finger die Finger	der Hals
der Pulli	die Hose	der Hut	die Bluse

der Anzug	die Krawatte	der Anorak	der Mantel
rot	blau	braun	grün
grau	gelb	lila	rosa

Welches Wort passt? Kreuzen Sie an:

O das Auge

O die Nase

O der Hals

O der Hut

O die Hand

O die Hose

O der Pulli

O der Mantel

O die Haare

O die Augen

O der Mund

O die Hand

O der Anzug

O die Krawatte

O die Bluse

O der Hut

Lesen Sie und zeigen Sie.

Kra - wat - te - Na - se - Man- tel - Hut - Mund - Ho - se

An - zug - Au - ge - Haa - re - Pul - li - Blu - se - Arm - Fin - ger -

A - no - rak - Hals - Hand

Lesen Sie und zeigen Sie:

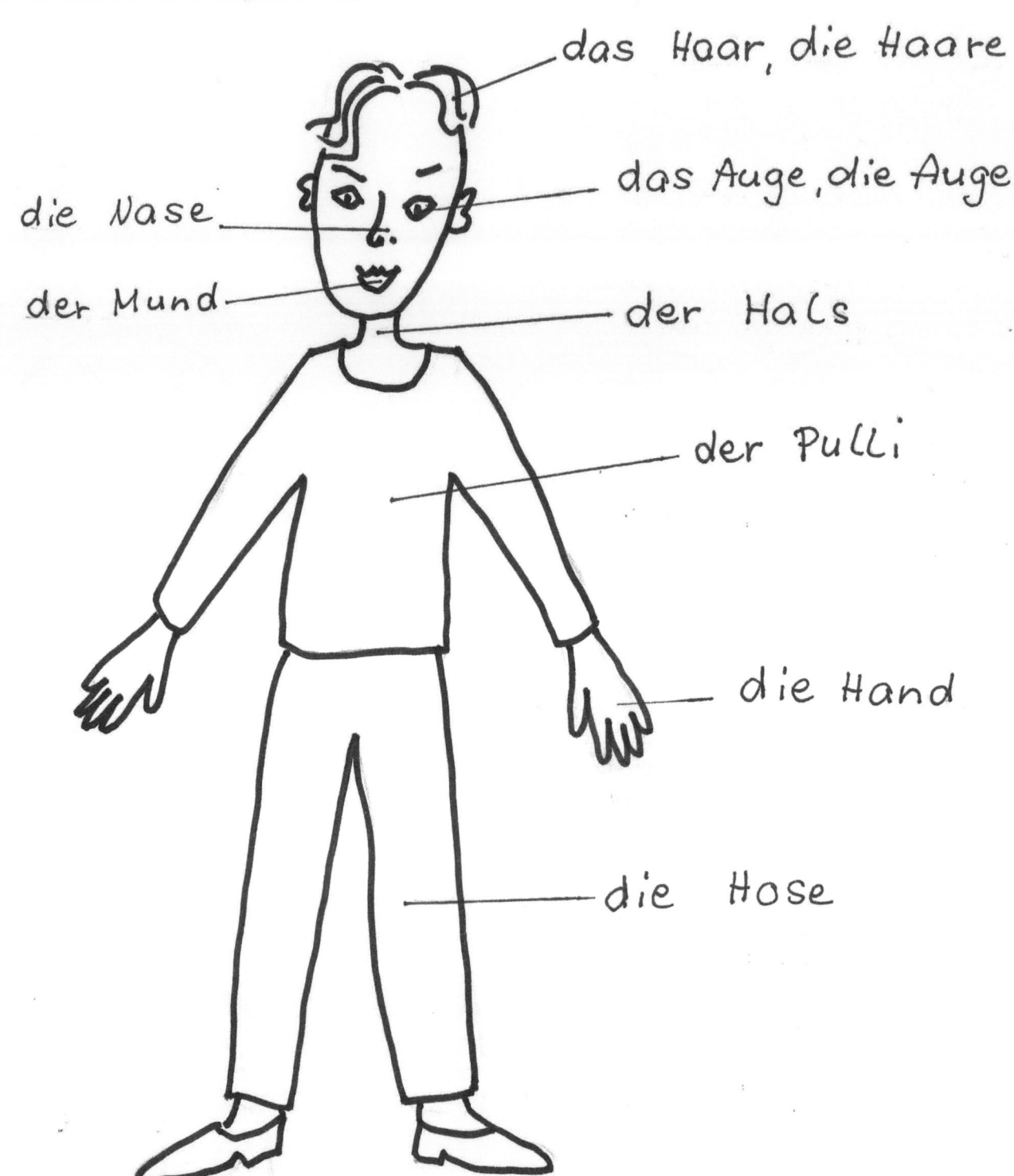

das Haar, die Haare

das Auge, die Augen

die Nase

der Mund

der Hals

der Pulli

die Hand

die Hose

Lesen Sie und malen Sie:

1. *Die Hose ist grau.*

2. *Der Mund ist rot.*

3. *Der Pulli ist lila.*

4. *Die Augen sind braun.*

5. *Die Haare sind braun.*

Lesen Sie und malen Sie:

1. *Die Haare sind gelb.*

2. *Die Augen sind blau.*

3. *Der Pulli ist rot.*

4. *Die Hose ist grau.*

5. *Der Mund ist rot.*

4. Die Familie

Das ist Mama.

Das ist Papa.

Das sind Oma und Opa.

Das sind die Kinder.

Mama und Papa sind die Eltern.

Wie alt sind die Personen? Lesen Sie:

1. Das ist Mama. Sie ist 36 Jahre alt.

2. Das ist Papa. Er ist 40 Jahre alt.

3. Das ist Lina. Sie ist 3 Jahre alt.

4. Das ist Finn. Er ist 7 Jahre alt.

5. Das ist Oma. Sie ist 62 Jahre alt.

6. Das ist Opa. Er ist 65 Jahre alt.

Schreiben Sie Sätze:

Sara - 8 Jahre

....

Till - 10 Jahre

....

Mama - 40 Jahre

....

Opa - 70 Jahre

....

Wo sind die Personen? Lesen Sie und zeigen Sie:

Mama ist im Bus.

Lisa ist im Kino.

Ali ist im Haus.

Papa ist im Garten.

Oma ist im Bett.

Tante Selma ist im Kinderzimmer.

Maria ist im Bad.

Mona ist im Keller.

Schreiben Sie Sätze. Wo sind die Personen?

....

Mustafa

....

Oma

....

Anton

....

Tante Erika

....

Das Kind

....

Anna

....

Opa

....

Papa

der Kuli	die Mappe	das Heft	die Tafel
			A B C
der Stift	die Klasse	der Lehrer	die CD
		Herzlich willkommen in ihrem	
der Kurs	der Radiergummi	der Textmarker	die Pause
Name: Ali Sahin Kurs: Deutsch	Radiergummi	sie markieren die Wörter im Text	

Lesen Sie und zeigen Sie:

....

Ku - li - Pau - se - Klas - se - Leh - rer - Map - pe - Heft - Kurs -

Ta - fel - Ra - dier - gum - mi - Text - mar - ker - CD - Stift

....

Welches Wort passt? Kreuzen Sie an:

....

O Kuli

O Kurs

....

O Mappe

O Heft

....

O Tafel

O Klasse

....

O Textmarker

O Radiergummi

....

O Pause

O Lehrer

....

O CD

O Computer

....

O Tafel

O Mappe

....

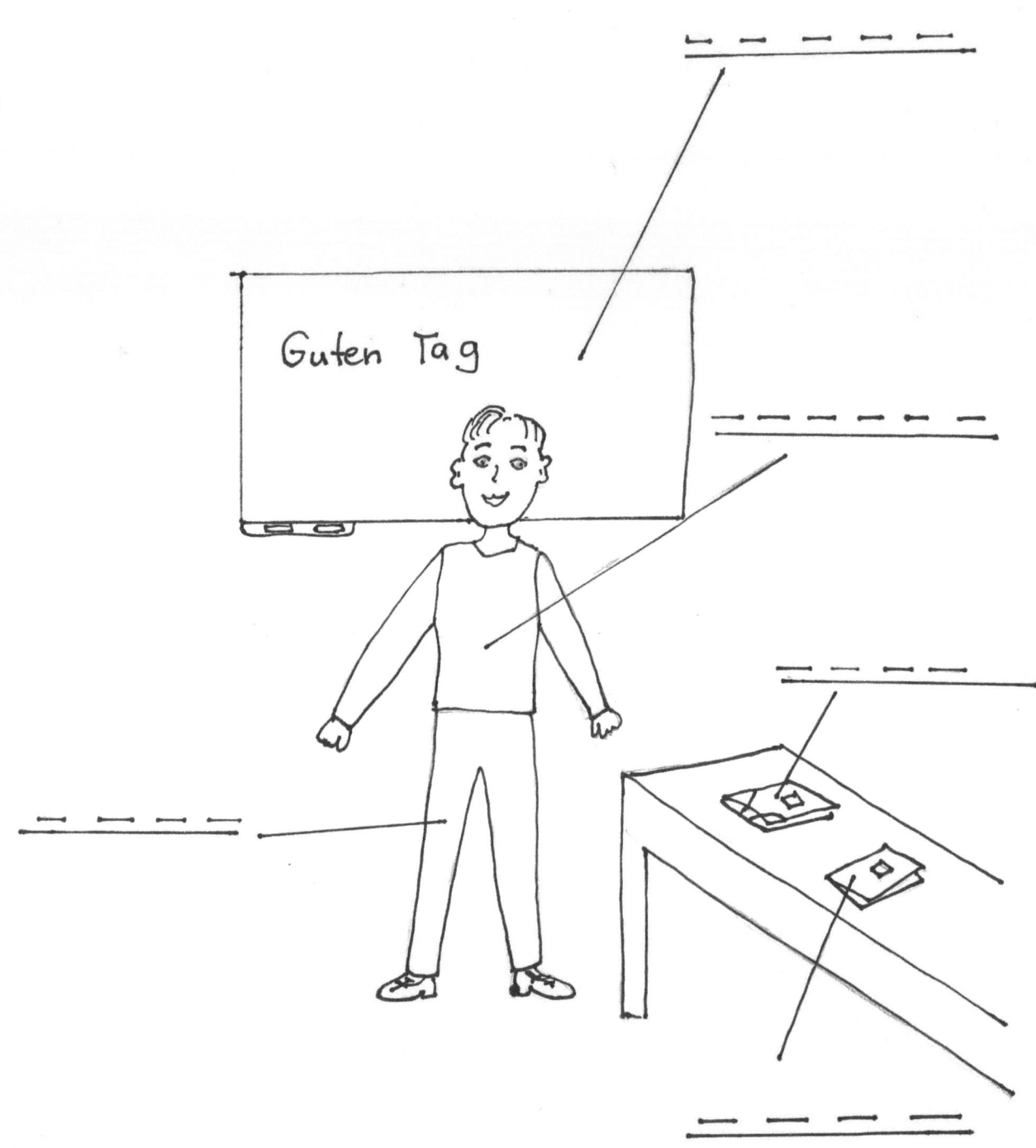

5. Das Wetter

die Sonne	der Wind	der Regen	der Himmel
die Wolke	der Mond	kalt	warm
das Grad	die Temperatur	der Sommer	der Winter
	Wie ist die Temperatur? 20 Grad. Es ist warm.		

Lesen Sie und zeigen Sie:

....

Re - gen - Son - ne - Tem - pe - ra - tur - Him - mel - Wol - ke -

Som - mer - Win - ter - Wind - Mond - warm - kalt - Grad

....

Welches Wort passt? Kreuzen Sie an:

....

O Sonne

O Sommer

....

O Regen

O Wolke

....

O Wind

O Wetter

....

O Himmel

O Grad

....

O Winter

O Wind

....

O Temperatur

O Mond

....

O kalt

O warm

....

O Sonne

O Mond

das Hotel	die Post	der Bus	das Haus
die Ampel	das Kino	das Auto	der Bahnhof
das Fahrrad	die U-Bahn	die Bank	das Museum

Lesen Sie und zeigen Sie:

....

Bahn - hof - Am - pel - Fahr - rad - Ho - tel - Ki - no - Bus -

Mu - se - um - Haus - Bank - Post - Au - to - U - Bahn

....

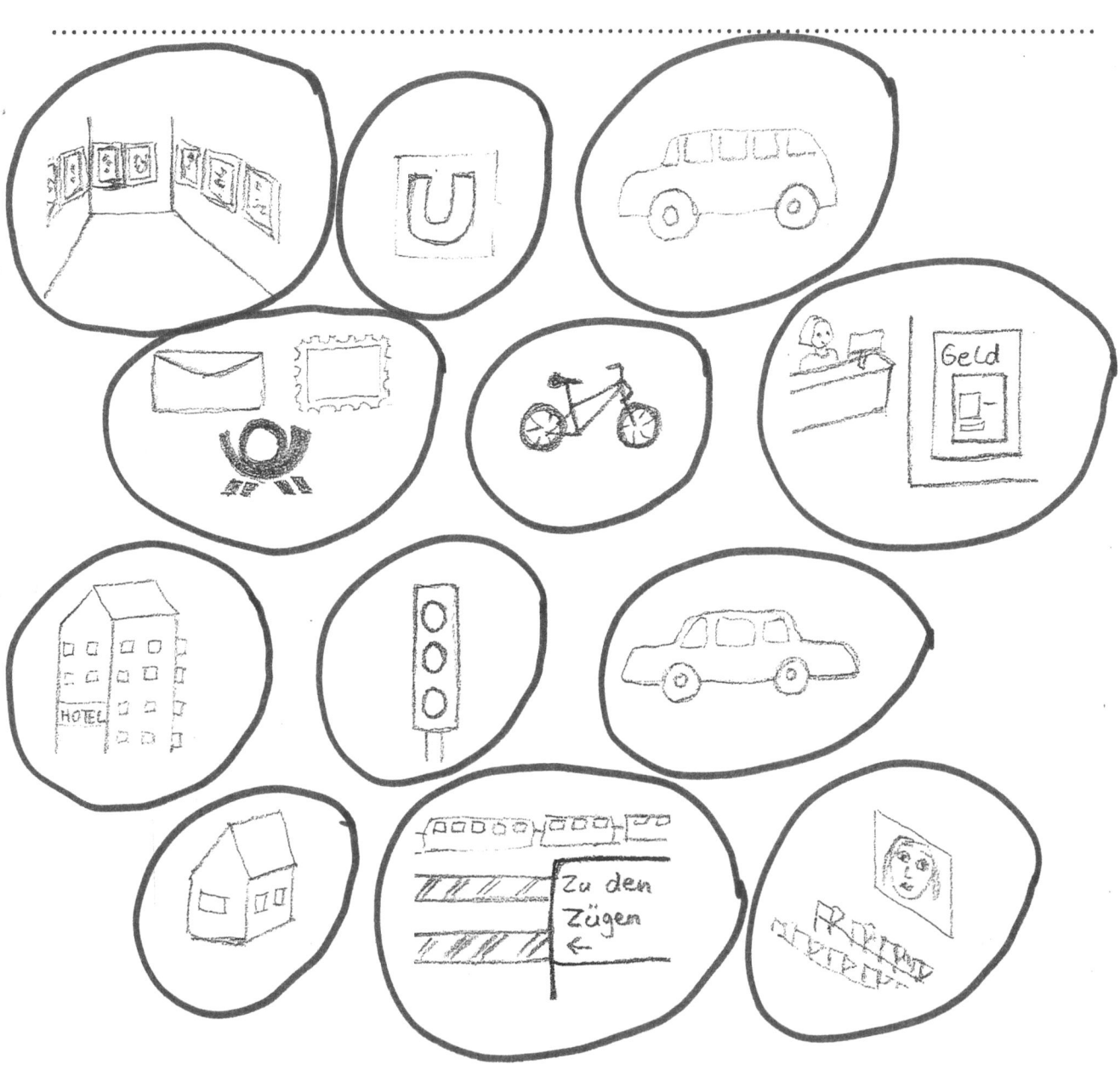

Lesen Sie die Sätze. Schreiben Sie die Wörter.

Da ist Sonne.
Es ist warm.
Es sind 20 Grad.
Die Kinder sind im Garten.
Die Blumen sind rot.
Der Ball ist bunt.

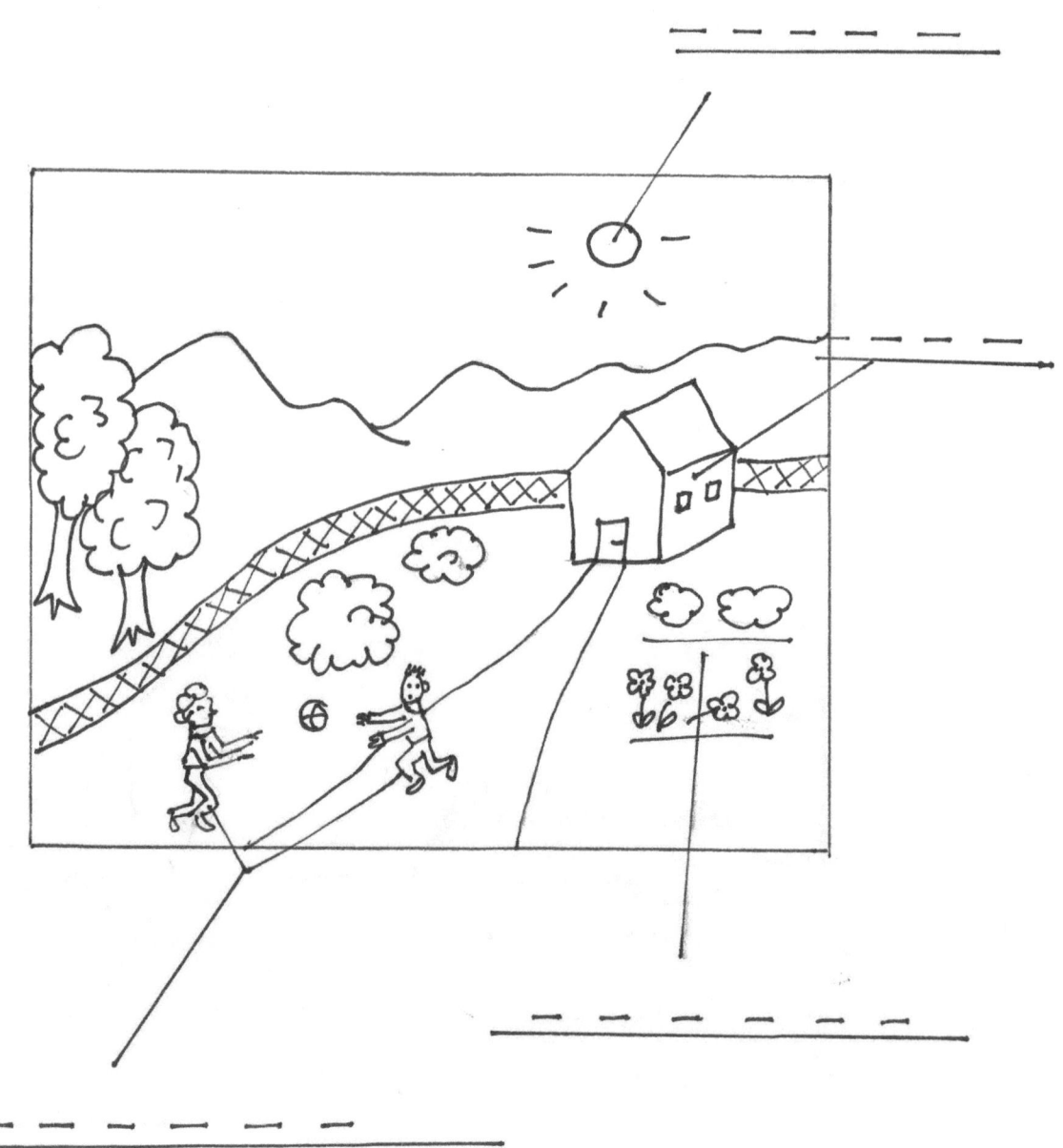

Lesen Sie die Sätze. Schreiben Sie die Wörter.

Da ist Regen.
Der Bus ist nass.
Das Auto ist nass.
Das Haus ist nass.

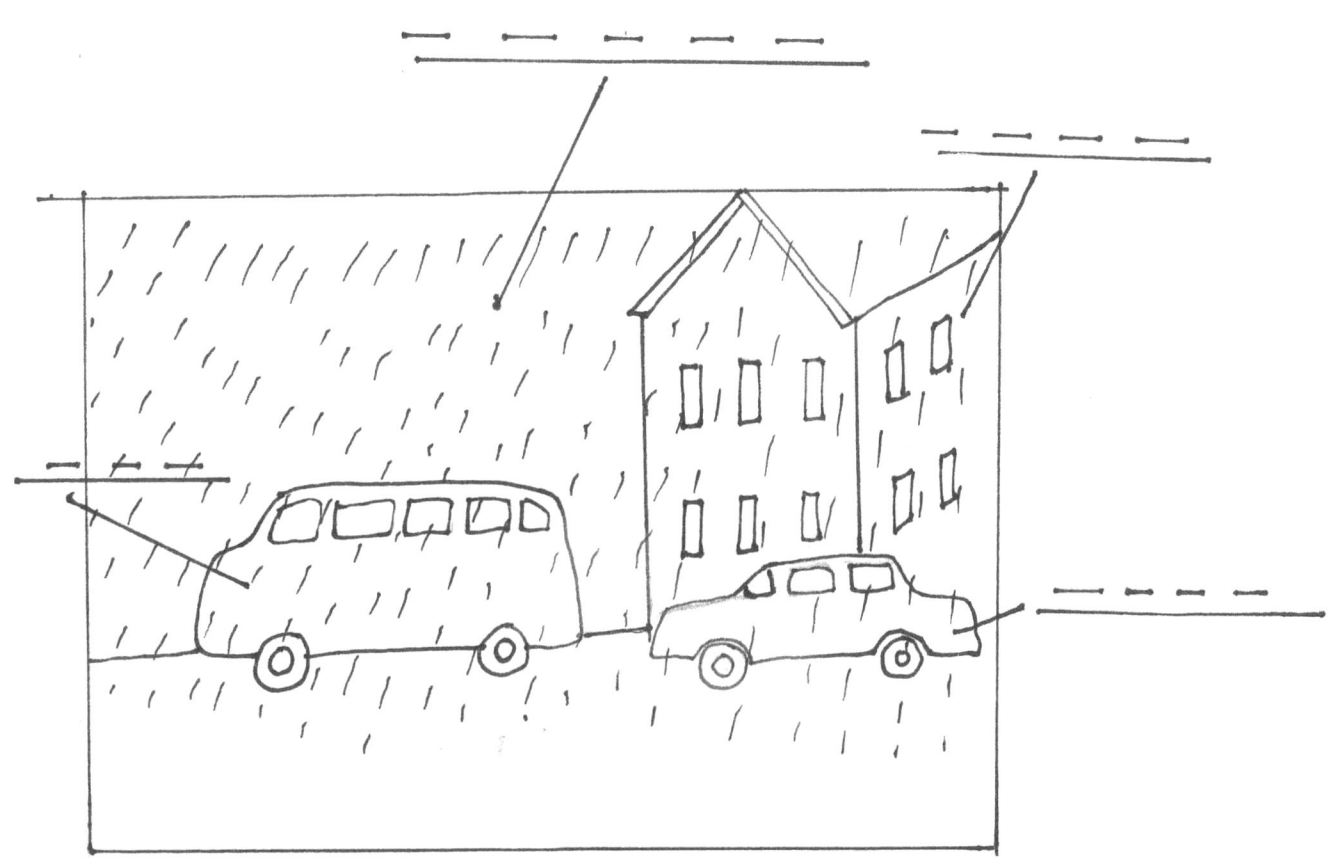

die Tomate	die Butter	die Melone	die Marmelade
die Paprika	die Limonade	die Kartoffel	die Brezel
das Wasser	die Gurke	die Birne	die Suppe

der Apfel	die Traube	die Nudel	der Salat
die Banane	die Karotte	das Brot	der Tee
der Kaffee	die Zitrone	das Salz	die Wurst

Lesen Sie und zeigen Sie:

Ap - fel - Li - mo - na - de - But - ter - Trau - be - To - ma - te -

Nu - del - Me - lo - ne - Sa - lat - Mar - me - la - de - Ba - na - ne

Pap - ri - ka - Ka - rot - te - Kar - tof - fel - Brot - Bre - zel - Tee

Kaf - fee - Was - ser - Zi - tro - ne - Gur - ke - Salz - Bir - ne -

Wurst - Sup - pe

Welches Wort passt? Kreuzen Sie an:

O Karotte

O Kartoffel

O Zitrone

O Banane

O Traube

O Salat

O Paprika

O Brezel

O Limonade

O Kaffee

O Gurke

O Tomate

O Brot

O Butter

O Wurst

O Suppe

Sprechen Sie: Was ist da?

Schreiben Sie:

_____

_____

9. Namen

Lesen Sie die Namen:

Frauen:

Martina, Marina, Gisela, Monika, Renate, Gabi, Sara, Dana,

Sabine, Anette, Kordula, Silke, Anna, Sela, Karin, Regina, Sofia,

Gundula, Susanne, Mara, Alma, Barbara, Nina, Tina, Brita, Ute,

Ilona, Klara, Mina, Lisa, Gudrun, Ingrid, Dagmar

Männer:

Uwe, Daniel, Antonio, Till, Robert, Karl, Manuel, Jens, Albert,

Toni, Gerhard, Burkhard, Kai, Horst, Helmut, Hanno, Enno, Kurt,

Harald, Florian, Adrian, Alfred, Benno, Andreas, Peter, Holger,

Robin, Tim, Rolf, Olaf, Onno, Torsten, Willi, Udo, Martin, Walter

Lesen Sie die Sätze:

1. Daniel ist im Bad.

2. Dana ist im Bus.

3. Karin kann lesen.

4. Sofia will malen.

5. Antonio und Klara sind im Haus.

6. Marina und Robert wohnen in Berlin.

7. Gudrun ist nett.

8. Susanne und Dagmar sind im Kino.

9. Albert ist im Haus.

10. Gabi und Manuel sind im Garten.

11. Walter und Barbara essen Suppe.

12. Anette und Kai essen Ananas.

Schreiben Sie Sätze aus diesen Teilen:

Dana   Anna   Helmut   Benno

- ist im Haus.   - ist im Kino.   - ist nett.   - kann lesen.

1. ....

2. ....

3. ....

4. ....

10. Gesundheit und Krankheit

der Arzt	das Krankenhaus	der Husten	die Medizin
die Tabletten	die Tropfen	das Fieber	die Temperatur
der Zahn	der Zahnarzt	das Wartezimmer	die Karte

Welches Bild passt? A oder B?

1.

Anna hat Husten. Sie muss Medizin nehmen.

2. Tim ist beim Arzt. Er ist im Wartezimmer. Er will lesen.

 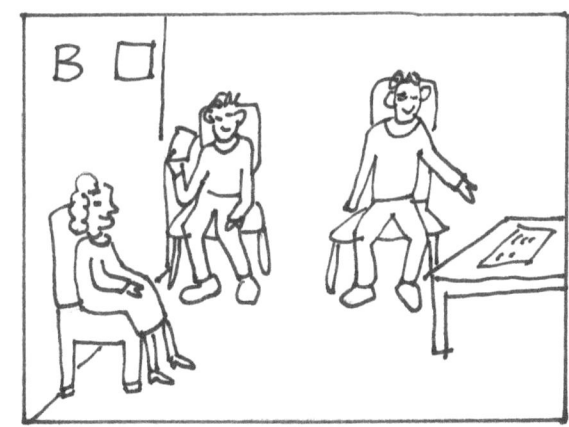

3. Barbara ist im Krankenhaus. Sie ist im Bett.

Tipps für den Unterricht

Die Übungen sind gleichermaßen geeignet für:

- Zweitschriftlerner, die gerade die Buchstaben neu erlernt haben, aber noch nicht die schwierigen Buchstaben und Kombinationen beherrschen.

- Langsame Lerner, die mit den Kombinationen (ei, eu, äu, sch, ch ...) Probleme haben. Sie können mit dem lautgetreuen Material Selbstvertrauen aufbauen und Geläufigkeit gewinnen.

- als Zusatzmaterial für schwache Lerner, während anderes Lehrmaterial verwendet wird.

Das Material ist weitgehend im lautgetreuen Bereich, das heißt, dass Konsonantenverdoppelungen gewöhnlich von den Lernenden gut akzeptiert werden, auch gelegentlich ein Dehnungs-h wie bei wohnen.

Je nach Teilnehmern oder Klasse können Sie schneller oder langsamer durch das Material gehen.

Bei langsamen Lernern kann man folgendermaßen vorgehen:

1. Der Wortschatz einer Lektion wird besprochen, erklärt und dann ins Heft geschrieben.

2. Eine Farbkopie der Wort- und Bildkarten wird von den TN auseinandergeschnitten, vermischt und gepuzzelt. Das kann in Partner- oder Einzelarbeit geschehen.

3. Die Bildkarten und die Wortkarten werden gesondert abgefragt.

4. Die Silbenaufgabe wird gelesen, dann kreisen die TN die Wörter ein. Lesen und Zeigen in Partnerarbeit.

5. Die Auswahlaufgabe wird einzeln gemacht und dann kontrolliert.

6. Die TN machen ein Umdrehdiktat (Wort lesen, Karte umdrehen, dann schreiben) und/oder ein Diktat.

Damit es nicht langweilig wird, sind die Aufgabenformen variiert.

Viel Erfolg beim Üben!

Gisela Darrah

Herstellung und Verlag:
BoD - Books on Demand, Norderstedt
ISBN 978-3-7386-5228-4